DÉPARTEMENT DE LA GIRONDE

COMITÉ DE PATRONAGE

DES

HABITATIONS A BON MARCHÉ

ET DE LA

Prévoyance sociale

INSTITUÉ PAR LA LOI DU 12 AVRIL 1906

—◦◦◦◦◦◦—

Siège à la Préfecture

A BORDEAUX

Président : M. Charles CAZALET

——◦◦◦◦◦◦——

RAPPORT SUR L'EXERCICE 1927

BORDEAUX

IMPRIMERIES DELMAS

6 Place Saint-Christoly, 6

—

1928

95687

COMITÉ DE PATRONAGE

DES

HABITATIONS A BON MARCHÉ

ET DE LA

Prévoyance sociale

INSTITUÉ PAR LA LOI DU 12 AVRIL 1906

Siège à la Préfecture

A BORDEAUX

Président : M. Charles CAZALET

RAPPORT SUR L'EXERCICE 1927

BORDEAUX

IMPRIMERIES DELMAS

6 Place Saint-Christoly, 6

—

1928

BUREAU DU COMITÉ

Président :

M. Charles CAZALET, G. O. ✳, ♣

Vice-Président :

M. LASSAUGUETTE.

Trésorier :

M. FORSANS (Jules).

Secrétaire :

M. E. CAYREL.

SERVICE ADMINISTRATIF :

Trésorier :

M. DERCQ (André), Chef de Division à la Préfecture.

Secrétaire :

Mme G. BAYSSELLANCE.

SERVICE TECHNIQUE :

*Architecte-conseil du Comité, délégué pour la délivrance
des certificats provisoires de salubrité :*

M. TOUZIN (Robert), ♣, Architecte diplômé par le Gouvernement, 13, cours Saint-Louis, Bordeaux.

COMITÉ

Membres titulaires :

I. — Membres nommés par le Conseil général

MM.

Le docteur CASANOUVE-SOULÉ ✳, ✠, Conseiller général, Maire de La Tresne.

DARON, Conseiller général, Mios.

LASSAUGUETTE, Conseiller général, Maire de Floirac.

LASSERRE, Conseiller général, Maire de Talence, 19, cours Victor-Hugo, à Talence.

PINÈDRE, Conseiller général, Adjoint au Maire de Bordeaux, 53 *bis*, cours de la Marne, Bordeaux.

II. — Membres élus :

a) *Directeur de Caisse d'épargne, élu par les Conseils des Directeurs des Caisses d'épargne du département :*

M. MANHÈS (Georges), Membre du Conseil des Directeurs de la Caisse d'Épargne de Bordeaux, Administrateur de l'Office public d'Habitations à bon marché du département de la Gironde, 55, cours de Verdun, Bordeaux.

b) *Administrateur d'Office public d'Habitations à bon marché, élu par les Conseils d'administration des Offices existant dans le département :*

CAYREL (Émile), Avocat à la Cour d'appel, Administrateur de l'Office public d'Habitations à bon marché du département de la Gironde, Administrateur de l'Office public d'Habitations à bon marché de la Ville de Bordeaux, 117, cours d'Albret, Bordeaux.

c) *Administrateurs de Sociétés d'Habitations à bon marché ou de Sociétés de Crédit Immobilier, élus par les bureaux des Sociétés d'Habitations à bon marché et des Sociétés de Crédit Immobilier du département :*
MM.

CAZALET (Charles), G. O. ✱, ✚, ancien Adjoint au Maire de Bordeaux, Administrateur des Hospices civils de Bordeaux, membre du Conseil supérieur des Habitations à bon marché, membre de la Commission d'attribution des prêts de l'Etat aux Sociétés de Crédit Immobilier, Administrateur délégué de la Société bordelaise des Habitations à bon marché, Président du Conseil d'administration de la Société anonyme de Crédit Immobilier de la Gironde, Président du Conseil d'administration de la Société d'Habitations à bon marché Coligny, Président du Conseil d'administration de l'Office public d'Habitations à bon marché du département de la Gironde; Vice-Président du Conseil d'administration de l'Office public d'Habitations à bon marché de la ville de Bordeaux, 1, rue de Condé, Bordeaux;

M. FORSANS (Jules), ancien Juge au Tribunal de Commerce de Bordeaux, Secrétaire général de l'Office public d'Habitations à bon marché du département de la Gironde, membre du Conseil d'administration de la Société anonyme de Crédit Immobilier de la Gironde et de la Société bordelaise des Habitations à bon marché, 7, rue Croizillac, Bordeaux.

d) *Membre de Société ou d'Union de Sociétés de Secours mutuels, élu par les bureaux des Sociétés et Unions ayant leur siège dans le département :*
M. FEDEL, 185, rue Sainte-Catherine.

III. — **Membres choisis par M. le Préfet :**

a) *Parmi les membres du Conseil départemental d'hygiène :*
M. le Dr LAUGA, ✱, 12, rue Sainte-Catherine, Bordeaux.

b) *Parmi les ingénieurs ou architectes au Service de l'Etat ou du département :*
M. LEFÉBURE, ✱, Ingénieur en chef des Ponts et Chaussées, Ingénieur en chef du Service vicinal de la Gironde, 3 *bis*, rue Bardineau, Bordeaux.

c) *Parmi les personnes notoirement désignées par leur compétence et leur zèle en matière d'Habitations à bon marché, de jardins ouvriers, de bains-douches, d'hygiène, de prévoyance sociale ou de bienfaisance :*

MM.

CHAUMETTE (Maurice), ✻, Conseiller du commerce extérieur, membre du Conseil d'administration de la Banque populaire de la Gironde, 15, place Gambetta, Bordeaux;

Le docteur MALET, ✻, ✻, Conseiller général, membre du Conseil d'administration de l'Office public d'Habitations à bon marché de la ville de Bordeaux, 208, cours de l'Argonne.

TAILLANDIER, Président d'honneur de la section Bordeaux-Midi de l'Association fraternelle des Employés de chemins de fer, 68, rue Bertrand de-Goth, Bordeaux.

Membres associés :

MM.

Le Président du Conseil des Directeurs de la Caisse d'Épargne de Bordeaux.

Le Dr SIGALAS, O. ✻, ancien Adjoint au Maire de Bordeaux, Doyen de la Faculté de Médecine et de Pharmacie de Bordeaux, 99, rue de Saint-Genès, Bordeaux.

VIRET (Georges), ✻, Sous-Préfet honoraire, Inspecteur départemental honoraire de l'Assistance publique de la Gironde. 27, rue d'Aviau, Bordeaux.

Le Dr POUSSON, O. ✻, Professeur honoraire de la Faculté de Médecine, Vice Président de l'Office départemental des Mutilés, 10, cours Tournon, Bordeaux.

LAVERGNE, Conseiller municipal, 18, place des Capucins, Bordeaux.

PERAIRE, Président du Conseil des Directeurs de la Caisse d'épargne de Libourne.

DERCQ (André), Chef de division à la Préfecture, Secrétaire général de la Société de Crédit Immobilier de la Gironde, 33, cours d'Aquitaine, Bordeaux.

Mme Henri GOUNOUILHOU, ✻, Vice-Présidente de la Fédération girondine des Œuvres antituberculeuses, 8, rue de Cheverus, Bordeaux.

ŒUVRES GIRONDINES

sur lesquelles s'étend notamment la sollicitude du
Comité départemental de patronage des Habitations à bon marché et de la Prévoyance sociale.

Société de Crédit Immobilier de la Gironde (Loi Ribot);
Office départemental des Habitations à bon marché de
la Gironde;
Office municipal des Habitations à bon marché de Bor.
deaux;
Société bordelaise des Habitations à bon marché;
Société d'Habitations à bon marché « Coligny »;
Société d'Habitations à bon marché « La Passerelle »;
Société d'Habitations à bon marché « La Ruche des T. E.
O. B. »;
OEuvre bordelaise des Bains-douches à bon marché;
OEuvre bordelaise des Jardins Ouvriers;
Etc., etc.

Rapport sur l'année 1927

PRÉSENTÉ PAR

M. Charles CAZALET, président du Comité

MESSIEURS,

Nous avons encore eu la preuve, au cours de l'exercice écoulé, de l'importance du rôle de notre Comité de patronage, auquel il demeure impossible d'être indifférent à tout ce qui se passe dans le domaine de l'action sociale, telle qu'elle est inscrite à la base de notre programme de réalisations pratiques. L'activité du Comité en faveur de l'amélioration du logement populaire ne se ralentit pas; l'idée qui la soutient pénètre de plus en plus la masse, et l'on peut assurer que le jour où l'Etat pourra, pour sa part, seconder plus généreusement nos efforts, l'initiative privée que nous représentons, l'application de la bienfaisante loi Ribot, se généralisera davantage dans tout le pays.

Evidemment, il appartient à chacune de nos œuvres locales et départementales de mettre en valeur les résultats de son action afin d'en faire très légitimement ressortir les heureuses conséquences, et la chose ne sera jamais assez vulgarisée. Mais, il convient d'admettre aussi que le Comité de patronage a également le devoir de faire connaître, même de façon succincte, tout ce qui est de nature à prouver la nécessité du mouvement en faveur de l'habitation à bon marché.

D'ailleurs, il nous est agréable de constater, une fois de plus, que l'esprit public s'intéresse de plus près, chaque jour, à ce problème du logement, que Jules Siegfried appelait si justement la *première des questions sociales*, et que notre ville de Bordeaux, en particulier, n'a cessé, depuis plus de trente-cinq ans, de placer au premier plan de ses préoccupations par son incessant désir de participer efficacement à sa solution.

En cette année de 1927, un vœu et un désir ont dominé toute notre action et tous nos espoirs. Ils se sont traduits par notre vœu unanime de voir, enfin, s'abaisser ce taux de 3 1/2, lequel, remplaçant provisoirement celui de 2 p. 100, — qui avait, jusque-là, permis de travailler utilement, — avait si lourdement pesé sur nos efforts avec, pour regrettable conséquence, le ralentissement de la grande poussée à laquelle nous nous étions si vivement associés.

A cette heure, le Gouvernement, s'inspirant des circonstances un peu plus favorables, et toujours fidèle à une bonne politique sociale, a ramené le taux de 3 1/2 à 3 p. 100. Nous nous félicitons de cette si heureuse décision de M. R. Poincaré, qui est de nature à permettre la reprise de nos travaux, et nous devons rendre grâce à tous ceux qui ont bien voulu la faire aboutir, en particulier à notre grand ami, M. G. Risler, qui suit de si près et avec tant de bienveillance et de sympathie notre Comité de patronage.

En effet, notre organisation départementale nous permet de tenir bien coordonnés les efforts des œuvres dont le rôle respectif demeure en cohésion parfaite avec l'idée fondamentale qui nous anime. Leurs résultats sont excellents, et la réunion mensuelle des quatre Comités d'action renforce, d'année en année, nos méthodes de travail, nos initiatives et la valeur des réalisations que nous pouvons inscrire à leur actif. C'est de la sorte que votre Comité de patronage, avec l'Office départemental, avec la Société de Crédit immobilier et la Société Coligny, peut affirmer, cette année encore, l'importance de tant d'efforts soutenus par une méthode rationnelle.

Vous n'êtes pas sans vous rappeler les critiques du début, alors qu'aujourd'hui des compliments nous parviennent. Chacun de nos quatre groupements conserve son autonomie et ses moyens d'action et se caractérise bien par son programme propre. Chacun de nos Comités est comme une variante de l'ensemble, et le tout concourt à une œuvre globale qui s'inspire de la nécessité d'améliorer et de développer les bonnes conditions d'existence des masses laborieuses.

Voyez, par exemple, la tâche accomplie par notre Office départemental des habitations à bon marché. Sous son impulsion, il a réalisé : 1° la grande Cité de Floirac, où l'équipement hygiénique va être très prochainement exécuté; 2° il a procédé, en 1927, à l'inauguration de la Cité-Jardins de Sainte-Germaine, par M. F. Bouisson, président de la Chambre des députés, aux côtés de qui se trouvaient les sympathiques représentants des familles Gounouilhou-Chapon, les généreux donateurs du terrain; 3° en 1927 encore, l'Office départemental a pu procéder à la pose de la première pierre, par M. F. Bouisson, du Groupe Fernand-Bouisson, à Mérignac; 4° les études nécessaires sont activement poussées en vue de l'augmentation, du capital de la loi Ribot, en nous inspirant toujours de ces deux principes: a) la participation à l'augmentation du capital donne droit de choisir les emprunteurs jusqu'à concurrence du 1/3 de la faculté d'emprunt que la souscription versée a permis; b) toute Maison ayant un collaborateur ou un employé digne de sollicitude n'a pas le droit de ne pas l'aider dans le versement d'une partie du cinquième exigé par la loi Ribot; 5° à la Médoquine nous sommes à la veille de voir se terminer l'achat des dernières maisons individuelles, et là encore s'édifiera bientôt une nouvelle cité-jardin qui rappellera la réalisation si intéressante à tous égards de la cité Sainte-Germaine, de Bruges; 6° enfin l'Office municipal qui, sous l'impulsion vigilante de son président, M. le docteur Ginestous, adjoint au Maire, étend chaque jour son action utile en faveur de l'habitation saine, à bon marché, et qui étudie en ce moment divers projets de cités.

Et puis, Messieurs, vous me permettrez de souligner ici que nos efforts ne passent pas toujours inaperçus et que notre action persévérante en faveur du bien public finit par retenir l'attention des bons citoyens, des Français clairvoyants et patriotes, des chefs de maison animés du meilleur esprit social : celui de la solidarité effective, qui entend se traduire par des encouragements généreux. Il se trouve ainsi que notre œuvre des Jardins ouvriers, vient, très heureusement, de rencontrer un Mécène qui la dote de 25.000 francs. Et bien que, sur sa demande expresse, aucune publicité ne fut faite à l'occasion de son beau geste, je suis persuadé que vous penserez comme moi qu'il y a là, pour nous, un sentiment de gratitude et de reconnaissance à exprimer au distingué donateur qu'est M. Abel Delor, et que son remarquable exemple de philanthropie constitue à la fois un enseignement et un espoir qu'il m'a paru utile de mettre en valeur devant vous.

Notre excellent ami, M. Géo. Delvaille, dont le dévouement et l'activité juvéniles se sont identifiés avec l'œuvre des Jardins ouvriers, mérite, lui aussi, une large part d'éloges; et vous ratifierez sûrement ces compliments en les faisant partager à MM. Laparra et Viret, les non moins précieux collaborateurs de M. G. Delvaille.

Il n'est pas jusqu'à un autre domaine de l'action sociale en général, et sous ses meilleures formes, celle, par exemple, de la protection des petits enfants, qui ne puisse se rattacher à nos œuvres. La Crèche de La Bastide est du nombre; elle s'efforce de plus en plus de devenir comme un établissement modèle, et, cette année, elle s'est enrichie d'un nouveau service, « la Clinique chirurgicale infantile »; que M. Fernand Bouisson a inaugurée le 28 octobre dernier, en même temps que le *Centre antivénérien*, qui va, dans la plus large mesure possible, se vouer au développement de la lutte contre la syphilis.

Sous l'impulsion et l'initiative de Mme Ch. Cazalet, toute une pléiade de jeunes et ardents docteurs apportent à cette œuvre nouvelle le plus précieux concours, et ils vont s'efforcer de réaliser notre vieille formule bastidienne : « Un enfant qui est né ne doit pas mourir; un enfant conçu doit naître et naître bien portant ».

Nous avons donc le droit de conserver tous nos espoirs et toute notre confiance dans l'avenir. La lutte, longue et méthodique, contre les grands fléaux sociaux s'arme chaque jour de nouveaux éléments de victoire. Il nous faut persévérer afin d'accroître de jour en jour nos réserves de forces vives, qui permettront à notre cher Pays de se reconstruire économiquement et moralement afin de continuer à jouer dans le monde le grand rôle que tant de glorieuses traditions et de services rendus à l'humanité ont à jamais réservé à la France.

Réunions tenues par le Comité de patronage

en 1927.

19 Janvier.
19 Février.
23 Mars.
20 Avril.
25 Mai.
6 Juillet.
9 Septembre.
19 Octobre.
9 Novembre.
21 Décembre.

Certificats définitifs de salubrité délivrés par le Comité de patronage depuis la mise en application de la loi du 12 avril 1906.

Nombre total de certificats délivrés :		Nombre total de certificats délivrés :	
Année 1908	12	Année 1919	1
— 1909	9	— 1920	2
— 1910	8	— 1921	5
— 1911	11	— 1922	58
— 1912	45	— 1923	61
— 1913	73	— 1924	88
— 1914	55	— 1925	74
— 1915	106	— 1926	48
— 1916	12	— 1927	79
— 1917	2		
— 1918	5	TOTAL GÉNÉRAL.	754

No d'enregist des demandes	DATE de la délivrance des certificats de salubrité	PROPRIÉTAIRES	LIEUX D'ÉDIFICATION DES MAISONS
1	2	3	4
		ANNÉE 1927	
794	19 janvier 1927..	M. Darricade-Labartete....	Bordeaux, bd Brandenburg.
795	id.	Mme Vve Roux, née Lafon..	Bordeaux, rue de la Préservation.
796	id.	Mme Vve Jean Ducourt, née Lanneluc...	Caudéran, chemin Etienne-Loste.
797	id.	M. Léon-Ferdinand (Jean)..	Talence, rue des Sports.
798	id.	M. Lembeye (Pierre).......	Caudéran. chemin Etchenique.
799	id.	M. Monrouzeau...........	Talence, lotissement Dunoyer.
800	id.	M. Decome.............	Talence, 181, chemin de Leysotte.
801	id.	M. Laplagne	au Bruca, commune de Villenave-d'Ornon.
802	id.	M. Lacau.............	Bordeaux, rue Mestrezat.
803	id.	Mme Vve Darrigaue........	Bordeaux, rue Privat.
806	19 février 1927..	M. Clément (Edmond)......	Caudéran, rue Jean-Croix-Teyeran.
807	id.	M. Boirie (Jean)..........	Caudéran, 80, r. de la Mairie.
808	id.	M. Mondy (Ernest)........	Caudéran, chemin du Vélodrome.
809	id.	M. Tanis (Elie)...........	Bordeaux. rue Privat.
810	id.	Mlle Hare.............	Quartier Aupérie. Lotissement Brunon.
821	23 mars 1927 ...	M. Pambrun (Léon)........	Caudéran, chemin Lehu.
822	id.	Mme Arnaudeau (Edgard)...	Caudéran, rue Joffre.
673	6 juillet 1927....	M. Barbot.............	Bordeaux-Bastide, impasse Flamary.
863	9 septembre 1927.	M. Fraysse (Emile)........	Caudéran, 256, avenue de la République.
864	id.	M. Labat (André)	Pessac, lotissement Haut-Brion.
865	id.	M. Constant.............	Talence, r. de Cauderès, 49.
866	id.	M. Gouillé (Gaston)........	Caudéran, au Vélodrome.
867	id.	M. Puel (Emile;...........	Caudéran, rue Georges-Clemenceau.

No d'enregistrement des demandes 1	DATE de la délivrance des certificats de salubrité 2	PROPRIÉTAIRES 3	LIEUX D'ÉDIFICATION DES MAISONS 4
		ANNÉE 1927 *(suite)*	
868	9 septembre 1927	M. Chenet (Henri)	Bordeaux, cité de France.
369	id.	M. Boué (Jean)	Bordeaux, rue de France.
870	id.	M. Corompt (Louis)	Bordeaux, rue Réglade.
871	id.	M. Gaucher (Robert)	Bordeaux-Bastide, rue Hortense, 40.
872	id.	M. Armayan (Robert)	Lacanau, au Huga.
873	id.	M. Dardères (Jean)	Villenave-d'Ornon.
874	id.	M. Laborde (F.)	Talence, Domaine du Blanquey.
875	id.	M. Dupont (Jean)	Talence, Domaine du Breuil
876	id.	M. Jardin (Fernand)	Bègles, Domaine de Bellevue.
877	id.	M. Suberbie (Firmin)	Bègles, rue Basile-Dubertrand.
629	19 octobre 1927	M. Fonteneau (René)	La Hume, avenue Sainte-Marie.
642	id.	M. Pierre (Charles)	Floirac, avenue Jean Jaurès.
887	id.	M. Videau (Georges)	Bordeaux, rue Mestrezat.
888	id.	M. Vigier (Gabriel)	Bordeaux-Bastide, Boulev. Jules-Simon.
889	id.	M. Lavraie (Louis)	Bordeaux-Bastide, cité Pierre-Seignouret.
890	id.	M. Labâche (Pierre)	Bordeaux, rue Ratoin.
891	id.	M. Maury (Pierre)	Bordeaux, r. des Pelourdes.
892	id.	M. Carrère (Adolphe)	Bordeaux, rue Bassié.
893	id.	M. Desplat (Gabriel)	Bordeaux, rue des Allées,
894	id.	M. Grenier	Bassens.
895	id.	M. Sanquine (A.)	Lormont, Quatre-Pavillons.
896	id.	M. Dagède (Joseph)	Villenave-d'Ornon.
897	id.	M. Millot (Emile)	Bruges, cité Sainte-Germaine.
898	id.	M. Perrein (Charles-Henri)	Talence, domaine du Stadium.
899	id.	M. Jonqua (Jean-Albert)	Talence, rue Guillaume-Boué.
900	id.	M. Lavandier (Georges-Antoine)	Talence, 52, cours de Reims.
901	id.	M. Delfour (Edmond)	Bègles, rue Durcy.
902	id	M. Saubadie (Guillaume)	Bègles, cours de Metz.
903	id.	M. Millet (Marcel)	Caudéran, rue Gergères, 3.
904	id.	M. Léon (Vincent-Maurice)	Caudéran, r. de St-Médard.
905	id.	M. Gibergy (Léon)	Caudéran, chemin du Vélodrome.
906	9 novembre 1927	M. Jaulois (André)	Bègles, pl. de la Castagne.
907	id.	M. Massé (Marius)	Pessac, à Madrau.
908	id.	M. Foumarty (Roger)	Caudéran, 127, route de St-Médard.
909	id.	M. Courty (Jean)	Caudéran, rue Guynemer,
910	id.	M. Guichard (P.)	Talence, rue Freycinet.
911	id.	M. Sarraute (Gaston)	Le Bouscat, rue Marceau.
912	id.	M. Gleyses (Louis)	Bordeaux, 11, rue de Blaye.
913	id.	M. Perrot (Léonce)	Bordeaux, cité Pichard.
914	id.	M. Doumens (Etienne)	Bordeaux, rue de la Préservation.
922	id.	M. Gaulin (Albert)	Bordeaux, rue François-Chambrelent.
923	id.	M. Billes (Jacques)	Bordeaux, rue Bergonié.
924	id.	M. Deyres (Alcide-Pierre)	Bordeaux, cité Pichard.

N° d'enregist. des demandes 1	DATE de la délivrance des certificats de salubrité. 2	PROPRIÉTAIRES 3	LIEUX D'ÉDIFICATION DES MAISONS 1
		ANNÉE 1927 (suite).	
925	9 novembre 1927.	M. Amiel (Henri)...........	Bordeaux, boulevard Albert-1er, 218.
926	id.	M. Labuzan...............	Eysines.
927	id.	M. Barrière (Jean)........	Pont-de-la-Maye, chemin des Ecoles.
928	21 décembre 1927.	M. Caumont (Pierre-Michel)....	Le Bouscat, chemin Nibaut.
929	id.	M. Marche (Rafaël)........	id.
930	id.	M. Bouchereau (Jean)......	Bruges, cité Sainte-Germaine.
931	id.	M. Lechène (Jules)........	id.
932	id.	M. Llobet (Jacques)........	id.
933	id.	M. Barrière (Pierre)........	Bègles, impasse Bouteiller.
934	id.	Mme Mériguet (Jean)........	Bègles, avenue Farvarque.
935	id.	M. Rossignol (Albert)......	Bègles, rue Carnot.
936	id.	M. Laborde (Adrien).......	Talence, domaine du Banquey.
937	id.	M. Bouze (Etienne)........	Talence, Haut-Brion.

SITUATION FINANCIÈRE DE L'EXERCICE 1927

RECETTES	DÉPENSES

ART. 1er. — Encaisse au 1er Janvier 1927 .....F.   126 65

ART. 2. — Subvention forfaitaire du Conseil
général de la Gironde..........   1.500 »

ART. 3. — Subvention de la Société de Crédit
Immobilier de la Gironde......   1.000 »

ART. 4. — Intérêt d'un titre de rente appartenant
au Comité...................   15 »

ART. 1er.— Frais de délivrance des certificats de
salubrité (contrôle sur place).F.   325 »

ART. 2. — Frais de Secrétariat.............   157 90

ART. 3. — Dépenses d'imprimés.............   1.478 »

ART. 4. — Indemnités au personnel du Secrétariat..........................   150 »

ART. 5. — Subvention au Dispensaire des
Petits Enfants de Bordeaux-
Bastide......................   300 »

TOTAL des dépenses..........F.   2.410 90

Excédent des recettes......   230.75

TOTAL des recettes....F.   2.641 65

2.641 65

— 16 —

BUDGET POUR L'EXERCICE 1928

RECETTES

Art. 1er.— Reliquat de l'exercice 1927 ......F.   230 75

Art. 2. — Subvention forfaitaire du Conseil général de la Gironde pour l'année 1928 ....F.   1.500 »

Art. 3. — Subvention de la Société de Crédit Immobilier de la Gironde ....   500 »

Art. 4. — Intérêts d'un titre de rente appartenant au Comité ....   15 »

Total des recettes ....F.   2.245 75

DÉPENSES

Art. 1er.— Frais de délivrance des certificats de salubrité (contrôle sur place)..... F.   350 »

Art. 2. — Frais de Secrétariat ....   200 »

Art. 3. — Dépenses d'imprimés ....   500 »

Art. 4. — Indemnités au personnel du Secrétariat ....   150 »

Art. 5. — Frais de propagande en faveur des œuvres de prévoyance et d'assistance ....   600 »

Art. 6. — Subvention au Dispensaire des Petits Enfants de Bordeaux-Bastide ....   300 »

Art. 7. — Dépenses imprévues 145 75

Total des dépenses ....F.   2.245.75

TABLE DES MATIÈRES

95687. — Imprimeries Delmas. — Bordeaux.

www.ingramcontent.com/pod-product-compliance
Lightning Source LLC
Chambersburg PA
CBHW050427210326
41520CB00019B/5823